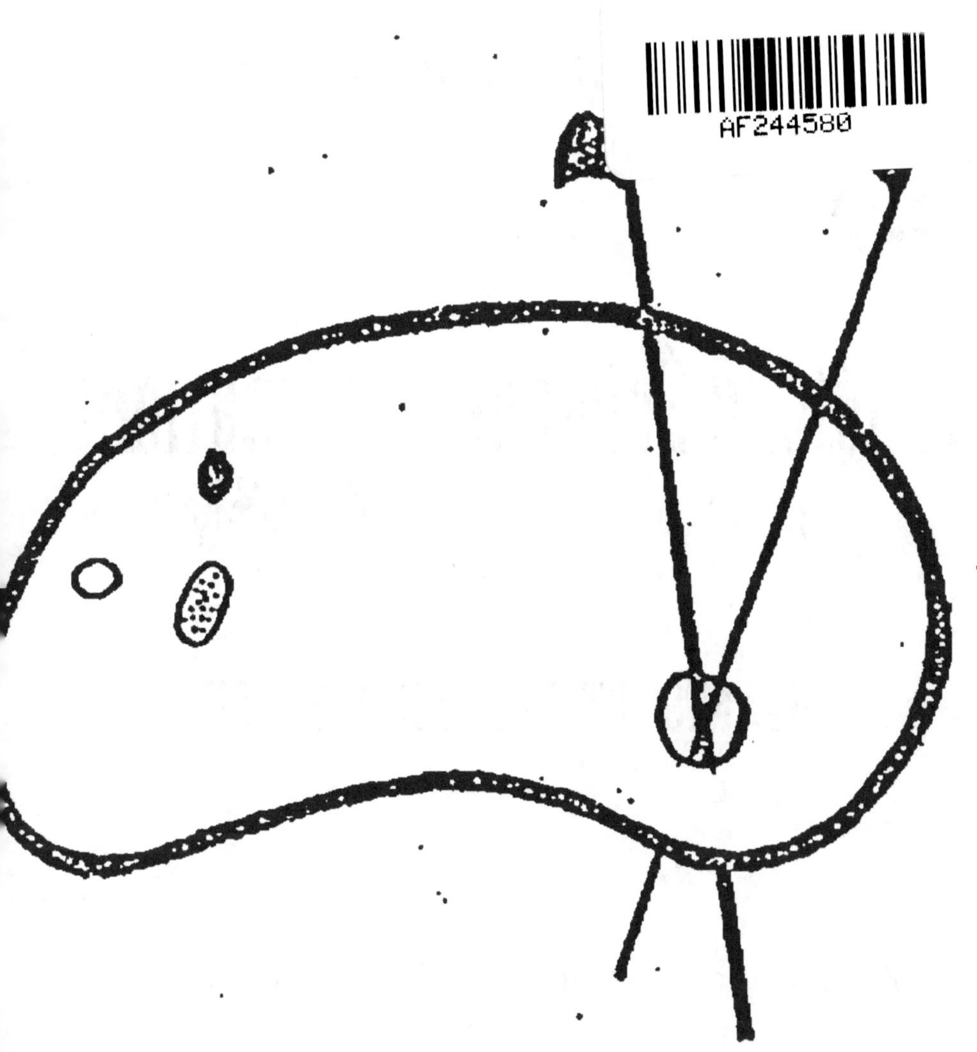

LAURE GARSIN

Société d'Échange International

DES

ENFANTS ET DES JEUNES GENS

Premier Rapport du Comité milanais (1905)

MILANO

TIPOGRAFIA DEGLI OPERAI (SOC. COOP.)

Corso Vitt. Emanuele 12-16

1906

LAURE GARSIN

—

Société d'Échange International

DES

ENFANTS ET DES JEUNES GENS

Premier Rapport du Comité milanais (1905)

MILANO

TIPOGRAFIA DEGLI OPERAI (SOC. COOP.)

Corso Vitt. Emanuele 12-16

—

1906

SOCIÉTÉ D'ÉCHANGE INTERNATIONAL DES ENFANTS
et des Jeunes Gens

ITALIE.

COMITÉ MILANAIS.

E. T. Moneta, président de l'Unione Lombarda per la
Pace, *Président.*

L. Garsin, *Vice-Présidente.*

Comm. F. Gondrand, président de la Chambre de Commerce française, chevalier de la Légion d'honneur,
Trésorier.

Conseillers.

Prof. Giuseppe Casazza.

Prof. Ernesta Dal Co, directrice de l'École Normale
Carlo Tenca.

Doct. Enea Duci.

Prof. Ettore Fabietti, directeur des Bibliothèques Populaires.

Ing. Federico Jarach.

Cesarina Lupati.

Alessandrina Ravizza.

Carlo Romussi, député.

Margherita Sarfatti.

COMITÉ ITALIEN DE PATRONAGE.

GIOVANBATTISTA ALESSI, avocat, président de l'Umanitaria.
GRAZIADIO ASCOLI, sénateur.
Comte FEBO BORROMEO.
ERMENEGILDO CASTIGLIONI, ingénieur.
Comm. ERNESTO DE ANGELI, sénateur.
CARLO DELL'ACQUA, député.
GIOVANNI FACHERIS, sénateur.
Comte TOMASO GALLARATI SCOTTI.
ADA NEGRI GARLANDA.
VITTORIO EMANUELE ORLANDO, avocat, ancien ministre
 des Travaux Publics.
Marquis ETTORE PONTI, sénateur, maire de Milan.
LUIGI RAVA, prof., ancien ministre de l'Agriculture.
NINA RIGNANO SULLAM.
SCIPIONE RONCHETTI, ancien ministre de la Justice.
ANGELO SALMOIRAGHI, ingénieur, président de la Cham-
 bre de Commercie italien à Milan.
Duc UBERTO VISCONTI DI MODRONE.

FRANCE.

BUREAU POUR L'ÉCHANGE INTERNATIONAL DES ENFANTS
et des Jeunes Gens (Paris).

J. TONI MATHIEU, Directeur, Fondateur.

COMITÉ FRANÇAIS DE PATRONAGE.

FERNAND DUBIEF, ministre du Commerce et de l'Industrie.
PIERRE BAUDIN, ancien ministre des Travaux Publics:
 Président de la Société.

Gabriel Bonvalot, président du Comité Dupleix.

L. Bouquet, conseiller d'État, directeur de l'enseignement technique au Ministère du Commerce.

Collin-Delavaud, directeur de l'Office National du com
merce extérieur.

D'Estournelles De Constant, ancien ministre plénipo-
tentiaire, président du Groupe parlementaire de
l'arbitrage; *Président d'honneur de la Société.*

Firmery, inspecteur général de l'enseignement des langues vivantes; *Vice-Président de la Société.*

L. Girod, député, gouverneur honoraire des Colonies.

G. Jost, inspecteur général honoraire.

Edouard Petit, inspecteur général de l'instruction publique: *Vice-Président de la Société.*

Doct. Charles Richet, membre de l'Académie de Mé-
decine.

A. Seignette, inspecteur général honoraire, directeur
du *Journal des Instituteurs.*

Jules Siegfried, ancien ministre du Commerce.

SOCIÉTÉ D'INTERÉCHANGE MARSEILLAISE.

Président.

E. Toutey, inspecteur de l'Enseignement, membre du
Conseil supérieur de l'Instruction publique de
France.

Vice-Présidents.

Mourlan, inspecteur de l'Enseignement primaire à Marseille.

E. Paris, professeur d'École supérieure.

Secrétaire.

B. Ferrari, instituteur.

Trésorier.

DOURGNON, directeur d'École.

Vice-Trésorier.

BONTOUX, instituteur.

Conseillers.

MICHEL, professeur d'École supérieure.
PAGNOL, instituteur.
BOUDON, instituteur.

COMITÉ LYONNAIS.

Président.

J. GODART, professeur à la Faculté de Lyon.

Conseillers.

J. LUCHAIRE, maître de conférences à la Faculté des
Lettres à Lyon et prof. de Littérature italienne à
la Faculté de Grenoble.
M. PAOLI, prof. de Littérature italienne au Lycée de
Lyon.
M. ROUSTAN, prof. agrégé de l'Université.

COMITÉ AIXOIS (Aix en Provence).

M. BARJAVEL, *Président.*

Membres titulaires.

H. PELLISSIER.
A. DRAGON.
SYNDICAT D'INITIATIVE DE PROVENCE, SECTION D'AIX.

Membres associés.

P. CAPDEVILLE.

A. PALENC.

G. VALRAN, prof. d'histoire au Lycée Mignet.

Correspondant à Epinal (Vosges).

V. WILLEMIN, prof. d'allemand au Lycée d'Epinal.

Correspondant à Nancy (Meurthe et Moselle).

J. ANTOINE, prof. d'histoire au Lycée de Nancy.

Je recommande à la bienveillance de mes collègues,
que je remercie encore de leur confiance en moi, ce
compte rendu de mes efforts pour collaborer utilement
à l'œuvre commune. J'y ai voulu joindre la chronique
de notre jeune Société, afin de la mieux faire connaître
aux nombreux adhérents qui l'approuvent sans réserve
et ne savent presque rien de son évolution.

Le *Comitato per lo scambio internazionale dei ragazzi*,
créé pour faciliter l'étude pratique des langues étrangères et coopérer à la fraternisation internationale des
jeunes, date de 1903. Au moment où nous le préparions
à Milan, des groupes similaires se formaient à l'étranger.
Un peu moins simple que le programme des autres
Unions, le nôtre peut se résumer ainsi:

1° mettre en rapport entre elles des familles de
candidats à l'interéchange appartenant à des nationalités différentes;

2° créer des bourses spéciales en vue d'échanges
internationaux d'écoliers.

Ce double but, dont il ne pouvait manquer d'apprécier
la portée, plut à M. Luigi Della Torre, vice-président
de l'Umanitaria. Il voulut bien lui donner sa pleine

approbation et nous permettre d'offrir — et c'était mieux encore — la garantie de son nom aux personnes disposées à s'occuper de l'œuvre au delà des Alpes. Voilà pourquoi notre projet d'entente internationale pour l'interéchange put, dès le mois d'août 1903, être favorablement accueilli à Marseille par M. Gustave Fernandez, président de la « Dante Alighieri » marseillaise.

En même temps, une Société analogue à notre Association milanaise se trouvant alors en voie de formation à Paris, nous fûmes mis en rapport avec M. Toni Mathieu, fondateur du Bureau pour l'Échange international des Enfants et des Jeunes Gens, par M. Edouard Petit, inspecteur général de l'instruction publique en France.

Quelques semaines suffirent à nos collègues parisiens pour évoquer chez un certain nombre de personnes compétentes l'idée d'un groupement marseillais. Et la « Société d'Interéchange » surgit au commencement de l'automne 1903, sous les auspices de M. Emile Toutey, inspecteur primaire à Marseille, pendant que notre poignée de promoteurs se réunissait à Milan, dans les salles de l' « Unione Femminile », gracieusement mises à notre disposition par Mme Majno, afin de fixer la formule de l'Association italienne.

L'appel jeté au public après notre premier meeting fut signé par des intellectuels qui ont tous contribué à assurer la survie de notre œuvre. Recueillons dans ce rapport, le premier d'une longue série, j'espère, les noms de ces pionniers italiens de l'interéchange.

Ce furent: Enrico Bertini, Elisa Boschetti, Rebecca Calderini, Bice Cammeo, Ernestina Dal Co, Luigi Della Torre, Malachia De Cristoforis, Ettore Fabietti, Cesarina Lupati, Ernesto Teodoro Moneta, Alessandrina Ravizza, Nina Rignano Sullam, Carlo Romussi.

Avant la fin de 1903 une assemblée, moins nombreuse que nous ne l'eussions voulue, mais où se trouvait, du moins, largement représenté un élément précieux pour notre initiative: le personnel de l'enseignement, discutait et fixait nos Statuts. Quelques jours plus tard, notre Comité commençait à agir, sous la direction de notre illustre Président.

En janvier 1904 une de nous, M.me Margherita Grassini Sarfatti, traçait dans l'«Unione Femminile» le programme de l'œuvre dont elle résumait ainsi les fins éloignées:

« Mais ce à quoi visent surtout les promoteurs, c'est
« l'élargissement de l'esprit, la vision plus vaste et plus
« juste des choses, l'agrandissement du patrimoine de
« connaissances individuelles devant, suivant une in-
« duction logique, dériver d'un changement complet de
« milieu, de critères, d'habitudes, à l'âge où l'esprit
« et l'âme — encore neufs — sont largemert ouverts à
« toutes les sensations et susceptibles de toutes les
« empreintes. »

Ces idées furent immédiatement comprises et appréciées et nous ne tardâmes pas à recevoir des adhésions personnelles et des subventions de Corps moraux tels que la « Société Lombarde pour la Paix » l' « Umanitaria » la Chambre de Commerce, outre des demandes d'échanges. Il nous en vint de 12 familles. La joie de ce succès rapide était cependant troublée par l'absence d'un progrès correspondant de l'œuvre à l'étranger.

Car, si le solide appui de la Chambre de Commerce et de la Municipalité n'avait pas manqué au groupement marseillais, s'il avait reçu mieux que des encouragements des Présidents de la Chambre de Commerce italienne et de la « Dante Alighieri » de Marseille, il n'avait pu, cependant, aboutir qu'à la création de bourses d'études. Et d'autre part le Bureau parisien ne parvenant pas à évoquer une seule demande d'échange franco-italien, il nous fallut, à notre grand regret, renoncer la première année à la partie la plus attachante de notre programme: l'échange interfamilial.

Les bourses de voyage et de séjour à l'étranger, que nous devions, selon nos Statuts, attribuer à des élèves des écoles publiques ayant déjà quelques notions de la langue dont ils iraient compléter pratiquement l'étude, furent au nombre de 4 pour les vacances de 1904. Elles furent allouées aux jeunes gens ci-dessous:

Mario Parenti (13 ans), École technique de S. Spirito.
Giuseppe Fornara (14 ans), idem.
Marino Balladore (12 ans), École technique Barnaba Oriani.
Giulio Carcano (15 ans), École technique Bonaventura Cavalieri.

A ces 4 boursiers, que nos collègues marseillais devaient accueillir le mieux du monde, se joignit le fils du doct. R. La famille R., n'ayant pu obtenir un échange pour son enfant, avait courtoisement voulu témoigner quand même sa confiance en nos deux Comités en leur remettant le soin de trouver une pension de famille pour lui en France. Ce nous fut l'occasion d'un considérable élargissement de notre champ d'action.

Le jeune R. fut, en effet, logé par la famille Feller. Or, un des enfants de la maison avait mérité une des trois bourses instituées par la Société marseillaise. M. Feller, frappé de la grandeur des résultats obtenus par son hôte à Marseille et par son propre fils en Italie, résolut de nous aider à prêcher le verbe interéchangiste. Et pendant l'hiver de 1904, il tint à Marseille, sur l'échange et ses avantages matériels et moraux, deux conférences qui contribuèrent beaucoup à l'expansion de notre initiative en France.

D'ailleurs, le premier essai était encore en cours que chaque nouvelle communication de nos boursiers, de nos hôtes ou d'autres correspondants confirmait nos meilleures prévisions. Un instituteur marseillais nous écrivait le 11 septembre 1904, peu de jours après avoir vu et entendu parler nos Milanais: « Tous auront fait de sérieux progrès malgré la faible durée de leur séjour en France. »

Ces progrès, un de nos voyageurs essaie de nous les montrer en même temps que l'agrément de son séjour en France, dans une lettre en français dont j'extrais ce mot: « Les jours s'en vont comme le vent. »

De son côté, le Comité milanais avait placé dans des familles distinguées les boursiers marseillais Feller, Pinelli et Michelier. Les jeunes Français étaient, en outre, réunis plusieurs fois par semaine dans l' « École de Vacances » dirigée par M.lle Rueff.

Cette École était, dans l'intention du Comité milanais, la première d'une série d'institutions similaires, destinées à faire le pont entre les séjours de vacances et l'échange interscolaire annuel. Leur programme, qu'il aurait fallu, nécessairement, modifier pour chaque ville selon sa position géographique, ses industries, la nature de son commerce, devait tendre à faciliter par la vue des choses (spectacles naturels, fabriques, monuments, etc.) l'étude des vocables d'une langue nouvelle. Il devait aussi, d'autre part, créer un premier lien de sympathie entre les jeunes gens du pays et leurs camarades étrangers, dans la joie des plaisirs communs. Après avoir passé par l'École de Vacances, des enfants déjà familiarisés avec les mots usuels d'une langue nouvelle auraient pu poursuivre, dans cette langue, pendant toute une année scolaire, l'étude des notions abstraites inscrites au programme de leur classe cette année là.

Le premier essai fut très satisfaisant. Tout en parcourant Milan et ses alentours sous la conduite de M.lle Rueff et grâce aux leçons prises avec quelques uns des élèves de ce professeur distingué dans les salles de l'École de via Felice Casati, les trois jeunes Français s'étaient familiarisés avec l'italien au point qu'ils le comprenaient parfaitement et le parlaient assez bien à la fin de leur séjour. Les explications de Mlle Rueff avaient, tout le temps, visé à préparer leurs promenades, les illustrer sur place ou les commenter après coup. Ils ont pu ainsi visiter avec profit les Musées, qu'une permission du Maire leur avait gratuitement ouverts, la Cathédrale, d'autres églises, le groupe commémoratif des Cinq Journées à Porta Vittoria, l'École du Livre; puis à Sesto San Giovanni, la Ferme Ecole, l'usine Edison à Paderno d'Adda, la Cathédrale et le Parc de Monza, la Chartreuse de Pavie, etc.

Aux courses organisées par le Comité milanais s'ajoutèrent des parties de plaisir offertes à nos hôtes par de grandes familles lombardes. Grâce à ces invitations, dues, comme tant d'autres généreux concours, à notre chère Ravizza, ils passèrent de belles journées à Bizozzero, chez M. et Mme Calderini; à Moltrasio, sur le lac de Como, chez Mme Villa Longchamp; à Colnago, chez le docteur Resnati.

Le désir de comprendre les choses nouvelles qu'ils voyaient les excitait partout à deviner le sens des mots qui expliquaient ces choses, et ils étaient poussés non par un simple raisonnement, mais par un besoin, à l'étude de la langue italienne. Aussi leurs progrès furent-ils si rapides qu'ils auraient pu sans peine, les vacances finies, suivre en italien tous les cours d'une année scolaire.

Faute de boursiers étrangers, notre École ne s'est pas rouverte pendant les vacances dernières et aucune institution analogue n'a fonctionné à Marseille. Mais ce n'est pas que notre initiative n'ait été amplement appréciée, même à l'étranger.

Les instituteurs qui composent le groupement marseillais ont pu constater que l'École de vacances milanaise avait grandement contribué à intensifier les résultats du séjour de leurs élèves en Italie. Et ils voulurent, par mon entremise, en renouveler leurs félicitations et leurs remerciements au Comité italien au cours d'une séance à laquelle j'assistais, en juin dernier, dans l'imminence de nos premiers échanges interfamiliaux.

M. Toutey préconise, d'ailleurs, un plan d'études comprenant trois années de séjours scolaires à "étranger. La première étape de l'internationalisation d. l'enseignement devrait, selon le Président de la Société marseillaise, précéder immédiatement l'entrée à l'École supérieure. Le degré d'instruction des échanges français correspondrait alors, à très peu près — le développemont des études, n'étant pas absolument parallèle en deça et au delà des Alpes — à celui des élèves de sixième année de l'école primaire italienne. Notons ici que deux des trois échangés, marseillais de l'été dernier étaient des candidats à l'École supérieure.

Après ce premier séjour scolaire à l'étranger, M. Toutey en prévoit deux autres : l'un à la moitié du cours des études, l'autre à leur couronnement. Nous ne tenterons pas de développer ses vues sur les accords à prendre dans ce but des deux côtés des Alpes ou des Vosges ou sur la solution du problème appliqué aux écoles de filles et aux branches spéciales de l'enseignement (écoles commerciales, industrielles, professionnelles). Nous ne voulons pas courir le risque de trahir ses idées en essayant de les exposer et il suffit sans doute de les désigner sommairement à l'attention de nos associés et, par eux, à celle d'un grand nombre d'instituteurs pour qu'un mouvement d'opinion en ce sens soit bientôt provoqué par les personnes les mieux aptes à en assurer le triomphe.

Il importe, d'ailleurs, de rappeler que des idées analogues sont déjà fort répandues parmi les intellectuels français. Un partisan convaincu de l'interéchange, M. le docteur René Matton, de la Ligue des Médecins et des Familles pour l'Hygiène scolaire, en annonçant au Congrès de Nüremberg pour l'Hygiène scolaire (avril 1904) la formation des Comités français et de l'italien pour l'échange international des enfants, voulut faire allusion aussi au projet d'École des Vacances et à ses fins dernières.

A propos desquelles, il ne sera pas inutile de proposer aux réflexions des instituteurs italiens ce mot d'une de leurs collègues, Mlle Rosa Errera. Lorsqu'elle entendit pour la première fois parler de l'Ecole de Vacances: « Et pourquoi, demanda-t-elle, les échanges « interscolaires ne serviraient ils pas aussi — ou même « d'abord — à mieux faire connaître leur propre langue « aux Italiens? Pourquoi ne pas provoquer des échanges « entre Toscans et Meneghini? »

Malgré l'insuccès complet de l'échange interfamilial, pendant les vacances de 1904, notre Comité n'avait perdu ni la confiance du public ni l'espoir de réaliser entièrement son programme en un avenir prochain. Nous nous efforçâmes d'abord de multiplier nos chances en recourant à tous nos amis, et aux amis de nos amis, en Suisse, en Allemagne et en Angleterre. Mais pour atteindre au but rêvé, le chemin des correspondances particulières était, évidemment, celui des écoliers... non interéchangeables.

C'est alors (en décembre 1904) que M. le comm. Gondrand, à son retour d'un voyage en France où il avait pu mieux apprécier, par le grand cas qu'il avait vu faire à Paris du *Bureau pour l'Échange international des Enfants et des Jeunes Gens*, l'importance de l'œuvre à laquelle il avait accordé son appui, nous proposa de provoquer la formation d'un Comité analogue au Comité de Patronage parisien. Ce conseil fut aussitôt suivi: et le rapide accroissement de l'intérêt excité par notre œuvre, à peine les démarches destinées à grouper autour d'elle d'autres personnalités marquantes eurent été commencées, renouvela notre espoir d'arriver désormais sans peine, grâce à de puissantes influences, à apparier les demandes d'échanges qui continuaient à affluer chez nous.

Nous décidâmes dès lors de mieux coordonner les deux modes de notre activité sociale en adoptant l'idée parisienne d'exiger de toutes les familles ayant recours à notre aide morale pour l'échange d'un des leurs, un droit d'inscription de 10 Lit. Nous n'avons cependant pas entièrement suivi l'exemple de nos confrères parisiens. Au lieu de destiner, comme eux, la totalité des droits perçus au remboursement des frais de poste et d'administration, nous avons décidé que nous nous arrangerions pour prélever, sur ces derniers, un léger pourcentage au profit du fond pour bourses de voyage. Nous sommes ambitieux, et l'espoir de faire servir notre œuvre à la création de nouveaux rapports de solidarité entre gens de nationalité différente ne nous suffit plus: nous voulons en outre, à cette heure, établir par elle de nouveaux liens de sympathie entre concitoyens.

Cette tendance est l'aboutissant d'une série de considérations dont la justesse nous semble évidente. Il est, d'une part, fort probable, en effet, que les Compagnies de Chemins de fer ou de Navigation, quand l'échange sera universellement pratiqué, ne se montreront pas difficiles, selon un mot de M. Edouard Petit. D'autre part, nous ne sommes pas très loin, sans doute, du jour où il sera possible d'exaucer toutes les demandes raisonnables d'échange. Dès lors, ne nous sera-t-il pas permis d'instituer un certain nombre de bourses de voyage au moyen des cotisations versées par les familles des échangés? La réforme de l'organisation des bourses aura, entre autres avantages, celui d'enlever entièrement à notre Société son indésirable cachet actuel d'Oeuvre Pie.

Il nous semble indiscutablement juste que des Corps publics: États, Municipes, Sociétés de la nature de l' « Umanitaria », de l' « Unione Lombarda per la pace » ou des Chambres de Commerce, contribuent à un nouveau mode d'expansion du savoir, et, partant, de la richesse, du pacifisme, de la solidarité sociale, mais rien ne nous semblerait justifier, par contre, un recours permanent aux contributions particulières.

La charité, l'odieuse mais parfois indispensable charité privée, devient nuisible par surcroît quand elle ne constitue même pas un mal nécessaire, comme c'est le cas pour nous. Notre autonomie doit se fonder entièrement sur des contributions de Corps moraux jointes à celles moralement dues à notre Société par les candidats à l'échange international. Notre œuvre se maintiendrait sans doute, même si elle devait continuer à faire appel à la philanthropie individuelle, dans l'inépuisable générosité de Milan ; mais elle n'a pas de raison d'être si, ne répondant pas à un besoin plus haut que ceux apaisés par les donations pieuses, elle ne peut dépasser la bienfaisance aumônière pour atteindre à des formes supérieures de mutualité morale.

En janvier 1905, et, cette fois encore, en exécution d'une proposition de M. Gondrand, notre Comité envoya une circulaire à toutes les Chambres de Commerce d'Italie. Les réponses furent unanimement approbatives. Quelques unes nous annonçaient des subventions, différentes au point de vue de la valeur matérielle, mais toutes, d'ailleurs, également éloquentes comme indices de la popularité de l'idée. Tous les Bulletins des Chambres de Commerce furent ouverts à notre propagande.

Ce concours, si désiré et si nécessaire, eut pourtant

pour premier effet de ralentir la marche de l'œuvre, car les familles à qui il en révéla l'existence furent non seulem.. it, comme nous l'avions prévu, dans la généralité des cas, mais toutes, et sans exception, italiennes et établies dans la Péninsule. Nous nous trouvâmes bientôt embarrassés par la grandeur même de notre succès de ce côté des Alpes.

Nous sentions tous cependant que les causes prochaines et efficientes du triomphe étaient désormais réunies et qu'il allait, selon une des expressions imagées du directeur du *Sole, flamber* d'un moment à l'autre. Il ne s'agissait plus, sans doute, que d'empêcher les craintes excessives des mères bourgeoises, encore inaccoutumées à l'idée d'éloigner d'elles leurs jeunes enfants, d'interposer un dernier obstacle à l'accomplissement de nos vœux et de ceux de nos amis trans ou cisalpins.

De là, la décision d'envoyer un délégué à l'étranger pour y préparer un milieu plus complètement favorable à l'échange interfamilial. Je fus chargée de cette mission.

L'idée de mon voyage en France, où nos correspondants sont le plus nombreux, soutenue par M.me Ravizza avec l'ardente cordialité qui rend contagieuses toutes ses convictions, fut appuyée par notre Président et approuvée par tous nos collègues. M. Gondrand voulut offrir personnellement la plus grande partie des fonds nécessaires à sa mise en œuvre.

Nos prévisions se sont heureusement avérées et la tournée que j'ai faite en juin dernier à travers la moitié de la France a, directement ou indirectement, conduit aux premiers échanges interfamiliaux entre l'Italie et l'étranger. Trois de ces échanges ont été conclus avec des familles marseillaises; un avec une famille lyonnaise, un cinquième avec une famille de Münich. Cinq: nombre dérisoire si on le compare aux légions rêvées, mais important et éloquent si on le rapproche du zéro de l'année précédente.

Les résultats obtenus ne tiennent pas d'ailleurs, et à beaucoup près, dans ce chiffre, et les avantages de la causerie directe remplaçant pour un temps la correspondance avec nos collègues français ne peuvent être évalués numériquement. Quels ils furent, j'essaierai de l'indiquer brièvement, en évitant de me laisser entraîner par le charme des souvenirs personnels, au delà des sujets d'un intérêt général.

C'est dans le but de m'aboucher avec un couple d'interéchangistes convaincus et zélés que je fis ma première étape à Epinal, dans les Vosges.

M. et M.me Willemin y ont su, en l'absence de tout Comité local, évoquer et maintenir vivant un fort courant de rapports internationaux. Tous deux instituteurs, ils ont commencé par transmettre en Allemagne et en Suisse des renseignements utiles à leurs élèves. — A mesure, leur cercle d'action s'est élargi. Pendant l'année scolaire 1904-05, ils ont réalisé le placement familial de 17 jeunes Français à l'étranger et conclu 26 échanges entre la France et l'Allemagne. Notre Comité leur doit les adresses des familles qui hébergent encore deux de nos interéchangés, à Lyon et Münich et, ce qui vaut mieux encore, une chaude recommandation auprès de M. Antoine, prof. au Lycée de Nancy.

C'est dans ce lycée que M. Antoine a institué, il y a quelques années, des cours d'enseignement mutuel des langues entre Français et Allemands ou Italiens. S'ils ne produisirent pas tous les résultats désirés c'est, me disait le professeur, qu'il aurait fallu pour les diriger des maîtres parlant couramment l'allemand ou l'italien et pouvant donner quelque vivacité aux discussions entamées par les étudiants dans une de ces langues. M. Antoine est convaincu cependant que, par l'énorme facilitation qu'il offre pour l'intégration de notions imparfaites des langues étrangères, l'échange international réalisé sur une vaste échelle ranimerait la languissante initiative. Et on pourrait, m'assurait-il, travailler efficacement à l'interéchange à Nancy dans d'autres institutions que le Lycée et d'autres branches de l'enseignement.

Pourquoi donc n'essaierait on pas de créer un courant d'échanges interscolaires entre Milan — ou du moins, les grandes écoles d'industrie ou de commerce du Nord de l'Italie — et celles de Nancy? Là, aussi, l'échange interfamilial suivrait l'autre, sans doute.

Ce débouché est d'autant moins négligeable qu'il est le seul ouvert à l'échange franco-italien dans les grandes villes du Nord de la France. Cette vérité allait m'apparaître avec une évidence écrasante à l'étape suivante de mon voyage: Paris.

M. Edouard Petit, que j'allai voir quelques heures après mon arrivée, savait par M. Toni Mathieu qu'il avait été impossible d'activer un courant d'échanges interfamiliaux entre Paris et l'Italie. Il songea tout de suite à la préparation des échanges interscolaires dont je l'entretenais.

J'aimerais avoir le loisir de redire de combien de façons et avec quelle courtoisie il mit à la disposition de notre Comité la grande influence dont il dispose pour parvenir à son but: mais il me faut substituer à un long récit sa conclusion nécessaire: Nos démarches et les siennes n'avaient aucune chance d'aboutir puisque l'unique institution qui nous avait demandé de placer à l'étranger des élèves d'écoles professionnelles, « l'Umanitaria », ne présente pas les conditions voulues pour recevoir des jeunes pensionnaires en échange. Notre initiative sur ce point était fatalement vouée à l'insuccès.

Cependant le bon vouloir de M. Petit, de sa femme, de M. et M.me Toni Mathieu et de leurs et nos autres collègues parisiens n'est pas demeuré stérile. Il aura été d'un grand secours à notre Comité en lui assurant d'encore plus nombreuses sympathies, parmi tout ce qu'ont de plus distingué en France la représentation nationale, l'enseignement, les lettres, les sciences sociales et « last not least » le féminisme. La plupart de nos amies parisiennes sont ce que les Américains appellent des « ingénieurs sociaux ». Je cite presque au hasard: M.ᵐᵉ Blanche Schweig, fondatrice d'un syndicat de dames comptables et caissières; M.ˡˡᵉ Dick May, collaboratrice des directeurs du Collège des Sciences Sociales, à la Sorbonne; M.ᵐᵉ le doct. Edwards Pilliet, dont le nom est bien connu dans le monde de la science et de la bienfaisance, en France et hors de France; les aimables intellectuelles que je m'honore d'avoir pour collègues à la Société d'Études et de Correspondance internationales *Concordia;* M.ᵐᵉ Ménard Dorian, reine d'un salon où se donne rendez-vous l'aristocratie des lettres et de l'art français. Cette aimable femme, devinant qu'elle aurait pu, par ses nombreuses relations, collaborer à notre œuvre même hors de Paris, voulut m'annoncer et expliquer mon but à des amis lyonnais. Elle contribua grandement par là à faciliter la rapide formation du Comité de Lyon.

En somme, le directeur et les patrons de la Société d'Échange international des Enfants ont fait d'excellente propagande à notre Comité à Paris, et nous pouvons y compter, en outre, sur le concours de certains Corps moraux ayant un intérêt tout spécial au succès de notre œuvre, tels que la Chambre de Commerce italienne, la Société d'Enseignement des Langues vivantes, etc., ecc.

M.ᵐᵉ Ménard Dorian n'avait pas été seule à pressentir l'utilité d'un nouveau centre d'action à Lyon, et j'y arrivai pourvu de lettres de recommandation de M. d'Estournelles de Constant, Président d'honneur de

la Société d'Échange, de M. Edouard Petit, son vice·
Président, et de M. Toni Mathieu, son fondateur-directeur.

Les personnages à qui j'étais adressée acceptèrent
avec enthousiasme d'entrer dans le giron de l'œuvre
interéchangiste, et M. Justin Godard n'eut pas de peine
à former le Comité qu'il préside. Même, un de ses col·
lègues, M. Luchaire, professeur de littérature italienne
à la Faculté des lettres de Grenoble, s'engagea à préparer la formation d'un autre groupement dans cette
ville.

Or, nul de nous n'ignore le caractère spécial de Gre·
noble et de sa Faculté, où convergent des étudiants
venus des quatre coins de l'Europe: c'est le terrain idéal
où jeter le bon grain de l'échange. Mais là comme à
Marseille, Lyon, Paris, Nancy, Epinal et partout en
somme, en France et hors de France, l'activité demeure
le secret du succès. Nos rapports actuels avec les Sociétés locales, la presse, les conférenciers, les écrivains
et, en général, tous nos amis d'au delà des Alpes ne
sont pas, à beaucoup près, aussi fréquents qu'ils de-
vraient l'être.

J'allais trouver à Marseille un milieu plus largement
favorable que l'année précédente à notre initiative.

Le Président du groupement marseillais, en m'appre-
nant qu'un certain nombre de familles, poussées par
le désir de leurs enfants, avaient songé à recourir à
l'œuvre des Sociétés d'Échange, voulut rapporter entièrement ce succès à la cordialité milanaise envers
les boursiers français de 1904. Le fait que les trois seuls
candidats à l'échange qui aient pu effectuer le voyage
étaient tous des camarades d'école de nos hôtes de
l'été précédent semble confirmer la courtoise assertion
de M. Toutey. Mais évidemment ses collègues et lui
ont beaucoup contribué à ébranler les craintes excès-

sives et les préjugés des familles qui avaient consenti à pousser l'expérience jusqu'au bout.

On sait, en effet, que les familles françaises sont trop bonnes couveuses et on comprendra mieux, en songeant à leurs habitudes casanières combien, malgré ses minuscules proportions apparentes, le progrès de notre œuvre cette année a été réellement grand.

Il s'est manifesté d'autre façon encore à Marseille: par l'augmentation du nombre des candidats aux bourses de voyage et de séjour en Italie. Aucune de ces bourses n'a été allouée, pour une raison qu'il est utile de faire connaître à nos associés italiens.

« On n'admet pas en France, me disait M. Toutey, « que les bourses scolaires déchargent entièrement les « familles du poids de l'entretien d'un enfant. Elles « doivent, au contraire, pousser les parents à compléter « par leurs efforts l'avantage spécial qu'ils n'auraient « pas pu procurer d'eux mêmes à leur fils ou leur « fille. L'État et les villes, en faisant tous les frais d'un « boursier ou d'une boursière, se substitueraient en « quelque sorte à la famille et courraient le risque « d'affaiblir le lien familial au lieu de le fortifier. »

Ces paroles expliquent l'absence de boursiers français parmi nous l'été dernier et le principe dont elles émanent s'imposera sans doute tout spécialement pour des bourses de la nature des nôtres, ne répondant pas à un besoin intensément senti par les familles. Il dessine clairement d'avance, il me semble, la trajectoire fatale de l'échange interscolaire.

Pendant qu'il précisait la nature de notre association, en empêchant qu'on la transformât en Oeuvre Pie, le groupement marseillais traçait, par l'organe de MM. Toutey et Paris, un programme de propagande raisonnée des avantages de l'échange italo-français dans le S. E. de la France.

Le développement de ce programme a commencé dans le *Petit Marseillais* et le *Petit Provençal*. Et, pendant qu'il se poursuit, la presse périodique agite l'idée nouvelle sur divers points du territoire de la République. A noter, entre autres, un article de M. Duffart sur la *Dépêche Coloniale* du 1er juillet. Pour nous l'annoncer M. Duffart, qui a été professeur de géographie économique à Bordeaux, nous adressait une belle lettre où il offrait de mettre à la disposition des Comités milanais, marseillais et lyonnais son habitude de la parole et sa connaissance de la question de l'Échange International pour une tournée de conférences à Dijon, Lyon, Marseille, etc. Notre Fédération de Sociétés interéchangistes renoncera-t-elle à cette excellente collaboration ?

A Lyon, deux des membres du Comité local, MM. Roustan et Justin Godart, ont publié l'un le 12 juillet, sur le *Commercial et Maritime* de Cette, l'autre, le 10 août, sur le *Lyon Républicain*, des articles qui ont éveillé l'attention du public, provoqué de nombreuses demandes de renseignements et suscité ou, tout au moins, contribué à susciter un autre Comité d'Échanges à Aix en Provence. La création du groupe aixois fut annoncée, dans le *Sémaphore* de Marseille du 20 septembre, par M. Gaston Valran, professeur d'histoire à la Faculté d'Aix.

Point n'est besoin d'allonger cette énumération pour prouver que l'idée de l'interéchange s'impose à l'attention partout où elle est énoncée. Mais pour qu'elle demeure partout présente aux esprits, se traduise partout en actes matériels et entre enfin dans les mœurs, il faut en entretenir le culte, c'est à dire beaucoup écrire et — M. Duffart a raison — beaucoup en parler. Les profanes pourront s'étonner de l'affirmation de M. Toni Mathieu que chaque échange mené à bien représente en moyenne une cinquantaine de lettres. e chiffre, nous le savons de reste, n'est pas exagéré aujourd'hui. Et encore faut il — et faudra-t-il toujours — ajouter à la supputation des heures prises par la correspondance tout le temps nécessaire pour aller aux renseignements ou discuter de minutieux détails de vive voix avec les familles du pays.

En outre, les Secrétaires des Comités ne peuvent pas se borner à la correspondance strictement requise par les échanges en cours; ils doivent, ou devront bientôt, entretenir de nombreux rapports avec l'étranger. Envoyer, une fois par mois, au moins, à chacun des groupes déjà formés ou en voie de formation et aux personnalités isolées qui se montrent désireuses de collaborer à notre œuvre un tableau succinct, une sorte d'état des offres et des demandes d'échange; se renseigner souvent auprès des Chambres de Commerce, les principales Chambres, en France come en Italie, ayant adhéré à notre initiative; rappeler de temps à autre l'existence de la grande Société internationale et de ses branches nationales dans les journaux des divers pays; c'est tout cela qu'ils auront à faire, et en différentes langues, puisqu'il s'agit d'englober dans le cercle de notre action toute l'Europe centrale et occidentale.

Ainsi donc, une plus vaste organisation du secrétariat s'impose chez nous et elle s'imposera bientôt dans tous les groupements interéchangistes. Déjà cet été, à Marseille, il était question de porter à quatre le nombre des secrétaires, c'est-à-dire, qu'en ayant déjà deux pour l'Italie et pour l'Angleterre, nos collègues marseillais se disposaient à en nommer un troisième pour les pays de langue allemande et un quatrième pour l'intérieur. Et ils ont bien raison. Le point vital de notre œuvre est l'organisation de la correspondance. Toutes les questions qu'elle a déjà fait surgir ici: maintien des bourses de voyage et de séjour ou leur substitution par des demi-bourses ou par de simples réductions de tarifs de parcours; maintien des Écoles de Vacances ou leur suppression; réalisation de véritables échanges d'élèves étrangers avec de jeunes Italiens, dans les diverses branches de l'enseignement; échanges scolaires interprovinciaux en Italie, toutes, toutes ces questions et toutes celles que l'interéchange suscitera encore pourront être solutionnées plus tard si, comme nous l'espérons tous, son avenir est assuré. Mais la forte constitution de notre Secrétariat nous est immédiatement nécessaire pour vivre enfin fortement et cesser de végéter dans la rare et vague manifestation de quelques uns de nos buts.

Notre unique Secrétaire actuelle s'étant chargée de vous renseigner sur la distribution des bourses et les échanges de l'année, je ne devrais pas empiéter sur son domaine. Mais, prévenant ses conclusions, je tiens à confirmer les heureux résultats qu'elle vous indiquera et qui apparaissent avec évidence dans les brèves communications des échangés et des boursiers. Je veux aussi, avec elle, désigner à votre reconnaissance les noms si souvent bénis par nos jeunes voyageurs. Noms de philanthropes qui, à Milan et dans les alentours, leur ont offert une distraction, une journée de plaisir, une série de souvenirs heureux; noms de familles hospitalières ayant su démontrer à Milan, en France et en Allemagne, sans rhétorique ni beaux gestes, par la naïve manifestation d'une cordialité réelle, l'avènement de la fraternité internationale des braves gens. Il faudrait, pour être complets, en ajouter beaucoup d'autres, mais la liste de nos bienfaiteurs est heureusement trop longue pour pouvoir être toute citée ici. Résignons nous à les remercier en bloc pour l'aide intelligente et active que nous avons trouvée hors des frontières italiennes et de ce côté des Alpes. Ajoutons un remerciement à part pour nos collaboratrices. Il nous a fallu les passer presque toutes sous silence, parce qu'elles sont trop, mais ne nous privons pas de leur exprimer à toutes notre reconnaissance et d'inscrire au moins dans ce premier Rapport les deux plus vaillantes pionnières de l'œuvre italienne: celle à qui nous avons dû le plus grand concours matériel initial, Nina Rignano Sullam et Alexandrine Ravizza, si attentive à bien recevoir nos premiers hôtes qu'elle a su les transformer en apôtres convaincus — et persuasifs — de l'échange international.

L'excellente influence féminine nous est désormais acquise, et tandis que nous pouvons compter sur nos éminents collaborateurs pour répandre toujours plus loin, par leurs conférences ou leurs écrits, les raisonnements les mieux aptes à mettre en valeur les avantages de l'échange, nous verrons d'autre part, grâce aux amies de l'œuvre, se fortifier sans cesse autour d'elle le courant de confiance joyeuse dont il est impossible de définir le charme et d'énumérer les bienfaisants effets.